AF290317

MOTIVATION IM BERUF

Methoden zur Steigerung der Motivation bei der Arbeit

Verfasst von Caroline Cailteux

Übersetzt von Julia Buchrieser

Für die Arbeitswelt   50MINUTEN.de

MOTIVATION IM BERUF

- **Ziel:** Demotivationsquellen erkennen und sich motivieren lernen
- **Anwendung:** Es reicht oft nicht aus, kompetent zu sein, um gute Arbeit zu leisten, und ein erfülltes Privatleben ist keine Garantie dafür, dass es im Beruf auch so ist. Wenn einem die Kraft für die Arbeit und die Erfüllung seiner Aufgaben fehlt, ist es wichtig, darüber nachzudenken, was man dagegen tun kann, die Motivation komplett zu verlieren.
- **Arbeitskontext:** Personalmanagement
- **FAQ:**
  - Sollte man sich nur auf Fachbezogenes konzentrieren, wenn man seine Motivation wiederfinden will?
  - Wie sollte man mit demotivierendem Stress bei der Arbeit umgehen?
  - Wie kann man Lösungen für schwierige Situationen finden?
  - Kann Teilzeitarbeit für mehr Zufriedenheit und Motivation sorgen?

- Wie gewöhnt man sich an organisatorische Veränderungen?
- Führt berufliche Neuorientierung zu neuer Motivation?

EINLEITUNG

Auch wenn Unternehmen in ihren Stellenausschreibungen immer nach „motivierten Mitarbeitern" suchen, ist Motivation keine Fähigkeit, die manche besitzen und andere nicht. Sie ist eine Dynamik, die Chemie zwischen einer Person und ihrem Umfeld, die sich je nach Kontext verändern kann. Motivation muss gepflegt werden, doch neben Ihnen als „Motivationsgärtner" spielen auch Ihre Kollegen, Ihre Vorgesetzten und Ihr Unternehmen eine Rolle, damit Ihr Garten blüht und gedeiht. Auch wenn es nicht immer möglich ist, auf andere einzuwirken und ihr Verhalten zu verändern, sollten Sie nach der Analyse Ihrer Situation mithilfe dieses Booklets wieder neuen Tatendrang verspüren, sodass Sie dem Unkraut nicht länger beim Wachsen zusehen.

MOTIVATION IM BERUF: DIE GRUNDLAGEN

MOTIVATION, ZUFRIEDENHEIT ODER ENGAGEMENT?

Motivation wird oft mit Zufriedenheit oder Engagement verwechselt. In ihrem Buch *Motiver, être motivé et réussir ensemble* (2009) erklären Éric Cobut und Géraldine Bomal, dass sich Zufriedenheit eher auf die Wahrnehmung der eigenen beruflichen Situation bezieht, während Motivation in Zusammenhang mit der treibenden Kraft des eigenen Verhaltens steht. Zufriedenheit ist ein Zustand – man ist zufrieden oder unzufrieden – wohingegen Motivation einer Dynamik entspricht, also einem Prozess, der Aufwand erfordert, um in seinem beruflichen Umfeld etwas zu bewegen. Wenn man motiviert ist, dann immer in Verbindung mit etwas anderem; es gibt keine absolute Motivation. Die Autoren unterscheiden fehlende Motivation von „Demotivation". Tatsächlich sollte diese Nuance zwischen dem Fehlen der Lust, etwas zu tun, und dem Verschwinden dieser Lust aufgrund von Veränderungen in den Beziehungen im Arbeitsumfeld berücksichtigt werden.

Engagement (oder *commitment* im Englischen) wird ebenfalls oft mit Motivation verwechselt. Dieser Begriff geht eher auf die Beziehung oder Verbindung zurück, die eine Person zu ihrem Unternehmen und ihren Kollegen hat. Engagement entspricht dem psychologischen Identifizierungsgrad mit der Arbeit und beeinflusst das Bild, das man von sich hat. Verschiedene Studien, unter anderem von Howard Klein, Thomas Becker und John Meyer, zeigen, dass es verschiedene Formen von Engagement bzw. Identifikation gibt:

- Engagement bei der Arbeit, abhängig von der Position, die diese im Leben einnimmt
- Engagement für das Unternehmen in seiner Gesamtheit, entsprechend dem Bekenntnis zu seinen Zielen und Werten, die Bereitschaft sich für das Unternehmen einzusetzen und den Wunsch Mitarbeiter zu bleiben
- Engagement für die Karriere oder den Beruf
- Engagement im Hinblick auf eine bestimmte Funktion (*job involvement*)

Ihr Beruf und Ihre berufliche Verbindung zum Unternehmen beeinflussen daher die Wahrnehmung, die Sie von Ihrem Selbstbild und Ihrer Motivation bei der Arbeit haben. Wenn Sie bestimmte Dinge am Arbeitsplatz stören, ist es wichtig, sich Zeit zu nehmen, um sich darüber klar zu werden, wo das Problem liegt.

ENTWICKLUNG DER MOTIVATIONSKONZEPTION

Meryem Le Saget teilt in ihrem Werk über intuitives Management die seit 1900 bestehenden Motivationskonzeptionen in drei Generationen ein.

„Ich erledige meine Aufgaben"

Die erste Generation steht in Verbindung mit der Zeit der Industrialisierung sowie dem Taylorismus und macht keine Unterschiede zwischen den einzelnen Arbeitern, sondern bietet ein einziges Motivationskonzept für alle. Motiviert zu sein bedeutet aus Furcht vor dem Arbeitgeber zu arbeiten, in der Hoffnung auf ein besseres Leben oder um Geld für seine Familie zu verdienen.

„Ich helfe bei der Erledigung der Arbeit"

Die zweite Generation ist sich der Begriffe der Zufriedenheit und Unzufriedenheit bei der Arbeit bewusst. Die Bedürfnisse der Angestellten werden berücksichtigt, indem sie in hierarchische Gruppen eingeteilt werden und die Zufriedenstellung der unteren Ebenen als notwendig für den Zugang zu höheren Ebenen angesehen wird. Diese neue Generation versteht daher, dass eine motivierte Person zur Erhaltung ihrer Motivation gehört werden will, eine passende Stelle benötigt und für ihren Beitrag Anerkennung bekommen möchte.

Die Bedürfnispyramide nach Maslow

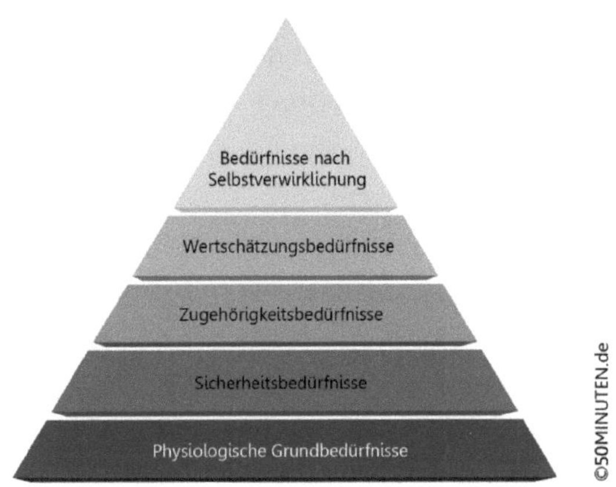

Zwischen 1950 und 1990 sind unter dem Einfluss der Human-Relations-Bewegung (Bewegung, die 1929 aus in Unternehmen durchgeführten Studien entstand und Gruppenbeziehungen bei der Arbeit untersucht) Theorien wie die der berühmten Maslow-Pyramide entstanden und wiesen darauf hin, dass Motivation nicht bei jedem Menschen gleich ist.

Der US-amerikanische Psychologe Frederick Irving Herzberg (1923-2000) ergänzt diesen Ansatz durch seine Zwei-Faktoren-Theorie. Er schlägt vor, auf das Gleichgewicht zwischen Präsenz und Fehlen von Zufriedenheits- und Unzufriedenheitsfaktoren zu achten. Ihm zufolge sind die Faktoren der Zufriedenheit unabhängig von denen der Unzufriedenheit. Wenn das Fehlen von Hygienefaktoren (Lohn, gute Beziehungen, gute Arbeitsbedingungen etc. – Arbeitshygiene bezieht sich auf alle Faktoren, die die Gesundheit und das Wohlempfinden der Arbeitnehmer beeinflussen können) für Demotivation sorgt, hält die Präsenz von Motivatoren (Feedback zum investierten Arbeitsaufwand, Art der Arbeit, Anerkennung, Selbstständigkeit etc.) die Arbeitnehmer nicht zwangsläufig davon ab, Unzufriedenheit bei der Arbeit zu empfinden. Deswegen sollten parallel zur Förderung der Zufriedenheitsfaktoren Elemente, die zu Unzufriedenheit führen, reduziert werden. Wenn der Arbeitgeber sein Personal motivieren will, sollte er also dessen Bedürfnisse berücksichtigen, auf Faktoren für Zufriedenheit und Unzufriedenheit achten und die Lösung an die jeweilige Situation anpassen.

„Ich bin engagiert bei der Arbeit, da ich mich einbringen und verwirklichen kann"

Die Motivation der dritten Generation gibt es seit den 1990er Jahren. Der Vorgesetzte ist ein intuitiver Leader mit einer ganzheitlichen Aufgabe, die darin besteht, der Arbeit ihren Sinn zurückzugeben und die Mitarbeiter wie Erwachsene zu behandeln. Dabei wird berücksichtigt, dass jeder Mensch einzigartig ist, weswegen die Lösungen maßgeschneidert sein müssen, sich aber gleichzeitig in das komplexe System integrieren lassen. Im Zentrum der Motivation steht nun nicht mehr die Aufgabe selbst, sondern das Interesse für diese.

Auch wenn sich in den 1990er Jahren das intuitive Management entwickelt hat, haben sich längst nicht alle Manager dem Konzept angepasst. Nicht selten kann man bei Managern in der Praxis Ansätze mit Fokus auf Aufgabenaufteilung und Arbeitsorganisation oder mit Schwerpunkt auf partizipativem Management beobachten, ohne dass diese wissen, was intuitives Management bedeutet. Dieses basiert auf dem Vertrauen in die Beziehung zum Arbeitnehmer und legt den Fokus darauf der Arbeit einen Sinn zu geben.

Teile ich die Motivationskonzeption meines Unternehmens und/oder meines Vorgesetzten?

Wenn Sie demotiviert sind, könnte das daran liegen, dass Ihre Motivationskonzeption und Ihre Erwartungen nicht mit denen Ihres Unternehmens oder Ihres Vorgesetzten übereinstimmen. Dieser erste Denkanstoß kann Ihnen dabei helfen, die Gründe für Ihre Demotivation herauszufinden. Stützen Sie sich auf die folgende Tabelle und denken Sie darüber nach, welcher Generation die Konzeption Ihres Unternehmens oder Ihres Vorgesetzten angehört. Was ist Ihre Motivationskonzeption? Erkennen Sie Unterschiede? Welche?

Die drei Motivationsgenerationen

MOTIVATIONSGENERATION 1	MOTIVATIONSGENERATION 2	MOTIVATIONSGENERATION 3
Auf Aufgaben und Arbeitsorganisation konzentriertes Management Anwendung des Prinzips von Zuckerbrot und Peitsche	Auf Bedürfnisformen, Zufriedenheit und Unzufriedenheit konzentriertes Management	Auf Intuition basierendes Management, das auf die intrinsische Motivation dank intellektueller Neugierde, auf den Wunsch nach Weiterentwicklung und das Streben nach dem Sinn konzentriert ist
Mein Vorgesetzter vertraut auf die Technologie und beschäftigt sich nur mit meiner Effizienz, durch die ich Geld verdiene.	Mein Vorgesetzter vertraut auf seine Menschlichkeit und will verstehen, wie ich funktioniere, um meinen Wunsch nach Beteiligung zu stärken, und ermöglicht es mir, mich weiterzuentwickeln.	Mein Vorgesetzter setzt auf seine Intuition, vertraut mir und will meiner Arbeit einen Sinn geben.

Entgegen mancher Überzeugungen können die Personen in Ihrem Umfeld keine Gedanken lesen, Erwartungen erraten und haben nicht unbedingt die gleiche Auffassung von Motivation wie Sie. Daher ist es wichtig, sich mitzuteilen. Wenn Sie nun festgestellt haben, dass es möglicherweise Unterschiede zwischen Ihrem Motivationskonzept und dem der anderen gibt, sollten Sie darüber sprechen. Es versteht sich von selbst, dass die Beschaffenheit der Beziehung und das Vertrauen zu Ihrem Gesprächspartner diesen Schritt erleichtern oder verkomplizieren können. Allerdings kann sich an der Situation nichts ändern, wenn Sie mit Ihrer Feststellung allein bleiben und nicht darüber sprechen. Entsprechend Ihrem beruflichen Umfeld können Sie sich direkt an Ihren Vorgesetzten, an jemanden aus der Personalabteilung oder auch an eine Vertrauensperson (die für das Wohlbefinden der Arbeitnehmer am Arbeitsplatz zuständig ist) wenden, um gemeinsam nach konstruktiven Lösungen zu suchen.

Hier finden Sie nun einige Beispiele, mit deren Hilfe Sie über Ihre Beobachtungen sprechen können:

- „Während unseres letzten Gesprächs haben wir über die Aufgaben gesprochen, die ich erledigen muss. Nach diesem Gespräch war ich etwas verstimmt, da ich mehr Feedback über die Qualität meiner Arbeit bräuchte. Könnten wir einen Termin festlegen, um dieses Thema genauer zu besprechen, damit ich besser einschätzen kann, wo ich stehe?"
- „Beim Bewertungsgespräch haben wir über das Erreichen von Zielen gesprochen.

Als ich danach nachhause kam, war ich ein wenig frustriert. Ich hätte gerne die Gelegenheit gehabt, mehr an der Umsetzung des Projekts mitzuarbeiten, anstatt nur Anweisungen zu befolgen. Könnten wir gemeinsam bestimmte strategische Aspekte des Projekts besprechen, damit ich in Zukunft selbstständiger arbeiten kann?"

- „Ich schätze Ihr Feedback von letzter Woche sehr. Trotz all den positiven Punkten merke ich, dass ich an Energie verliere. Ich muss meiner Arbeit einen Sinn geben und habe dazu einige Ideen. Könnten wir uns in den nächsten Tagen zusammensetzen, um über die Möglichkeiten meiner Entwicklung im Team zu sprechen?"

WORIN BESTEHT DER SINN MEINER ARBEIT?

Die Aufgaben, die man bei der Arbeit erledigen muss, haben großen Einfluss auf Motivation, Zufriedenheit und Produktivität. Wissenschaftler haben sich daher mit den Merkmalen beschäftigt, die der Arbeit Sinn geben, und haben diesen als „Kohärenzeffekt zwischen Merkmalen, die man bei der Arbeit sucht, und denen, die man in der erledigten Arbeit findet[1]" definiert (Morin: 2003, S. 12). Acht Faktoren beeinflussen den Sinn der Arbeit:

- der Respekt der Werte oder der Arbeitsethik
- die Autonomie bei der Arbeit
- die Unterstützung bei der Ausübung seiner Tätigkeit
- der Nutzen der Arbeit
- die Weiterbildungsmöglichkeiten
- Anerkennung
- die Beschaffenheit der Beziehungen am Arbeitsplatz
- die Freude an der Arbeit

MOTIVATION
WIEDERFINDEN – ÜBERLEGUNG 2

Wenn Sie demotiviert sind, dann vielleicht weil Sie keine Kohärenz in Ihrer Tätigkeit mehr sehen und Ihr aktueller Job für Sie

---

1. Übersetzt für 50Minuten.de

keinen Sinn mehr macht? Sie können sich in dem Fall folgende Fragen stellen:

- Habe ich das Gefühl, dass meine Werte respektiert werden und dass für mich wichtige ethische Prinzipien eingehalten werden?
- Habe ich in meinem Unternehmen das Gefühl, die Initiative ergreifen und meine Lösungsvorschläge aussprechen zu können?
- Habe ich das Gefühl, von Kollegen, Vorgesetzten sowie dem Unternehmen unterstützt zu werden?
- Habe ich das Gefühl, dass meine Arbeit nützlich ist? Warum ist sie nützlich? Warum ist sie meiner Meinung nach unnütz?
- Was sind die letzten Dinge, die ich gelernt habe? Bei welcher Gelegenheit? Reicht das und stellt es mich zufrieden?
- Habe ich das Gefühl, in meinem Beruf Anerkennung zu erfahren? Von wem? Welche Form der Anerkennung brauche ich?
- Sind meine beruflichen Beziehungen angenehm und konstruktiv? Oder sind sie

im Gegenteil angespannt, unzufrieden-
stellend, unangenehm? Mit wem? Aus
welchem Grund?

- Was gefällt mir im Allgemeinen an einer
  Arbeit?
  - Starke Empfindungen, die Möglichkeit
    zur Verbesserung und mich selbst zu
    übertreffen
  - die Möglichkeit, Neues zu lernen oder
    etwas zu verstehen, meine Neugier zu
    befriedigen
  - die Möglichkeit, meinem Tun einen Sinn
    zu geben, mich zu verwirklichen und
    Herausforderungen zu bewältigen

- Ist das in meinem aktuellen Job der Fall?

Fragen Sie sich bei jeder Antwort auf diese
Fragen:

- Was kann ich direkt beeinflussen?
- Was kann ich indirekt beeinflussen?
- Was kann ich nicht beeinflussen?
- Welche Lösungen fallen mir dazu ein?
- Mit wem könnte ich darüber sprechen?

UNTERSCHIEDLICHE MOTIVATIONSFORMEN

Es gibt verschiedene Definitionen von Motivation. Florence Cassignol-Bertrand, Pierre-Henri François und Claude Louche, Forscher der Universitäten Paul Valéry in Montpellier und Poitiers (vgl. Laberon: 2011, S. 201-218), zufolge sehen alle Autoren, die sich mit dem Thema der Motivation beschäftigt haben, diese als eine Kraft an, die aus dem Inneren oder dem Umfeld kommen kann, Verhaltensweisen auslöst (mit einer bestimmten Intensität in eine bestimmte Richtung) und diese beständig macht. Der Theorie der Autodetermination zufolge ist die Motivation selbstbestimmt, wenn sie sich auf Handlungen bezieht, die man freiwillig durchführt und gutheißt, und nicht selbstbestimmt, wenn man sich zu etwas zwingt oder man zu etwas verpflichtet wird.

Intrinsische Motivation

Sie kommt zum Ausdruck, wenn man Dinge aus Freude macht. Sie ist sehr selbstbestimmt und kann drei Formen haben:

- Handlungen, die starke Empfindungen auslösen, durch den Wunsch zu wachsen und professioneller zu werden; den Wunsch sowie die Bereitschaft, etwas unendlich oft zu wiederholen, um sich zu verbessern
- Freude am Erlernen neuer Dinge, daran, sein Wissen zu erweitern, die Neugier zu befriedigen oder Dinge zu verstehen
- Streben nach Sinn; Selbstverwirklichung und dem Gefühl, Herausforderungen bewältigen zu können

Extrinsische Motivation

Sie kommt zum Ausdruck, wenn man Dinge aus einem bestimmten Grund tut, „mit dem Ziel zu …". Sie kann verschiedene Formen haben, die sich zwischen Nicht-Selbstbestimmung und Selbstbestimmung bewegen:

- Vermeidung einer Strafe oder Erhalt einer Belohnung (externe Regulierung), zum Beispiel: Der Arbeitstag nähert sich seinem Ende, die Sonne scheint, man ist versucht, seine Aufgabe auf den nächsten Tag zu verschieben. Allerdings motiviert man sich schlussendlich doch dazu, die Aufgabe abzuschließen, um zu vermeiden, dass der Vorgesetzte sich beschwert: „Ich habe dir doch gesagt, dass dieses Dokument dringend ist! Wie soll ich dir vertrauen, wenn du die Fristen nicht einhältst?" Es handelt sich dabei um eine nicht selbstbestimmte Form von Motivation – man fühlt sich zu der Tätigkeit verpflichtet.

- Schuldgefühle (introjizierte Regulierung), zum Beispiel: „Wenn ich dieses Dokument nicht heute fertigmache, muss Martine die Konsequenzen dafür tragen und das Meeting mit dem Direktor verschieben." Es handelt sich dabei um eine nicht selbstbestimmte Form der Motivation: Man zwingt sich zu der Tätigkeit.
- die Möglichkeit, die Situation mit anderen wichtigen Aufgaben zu verbinden oder ein anderes Ziel zu erreichen (Regulierung durch Identifikation), zum Beispiel: „Ich muss manchmal länger bleiben, um meine Aufgabe abzuschließen, aber dafür kann ich nächsten Monat Teilzeit arbeiten und Lucie zum Turnen treffen – auf geht's!" Es handelt sich dabei um eine selbstbestimmte Form: Man tut es aus eigenem Antrieb, wenn auch nicht mit Freude.
- Verwendung der Werte und Prinzipien, die man vertritt (eingegliederte Regulierung), zum

Beispiel: „Auf mich kann man immer zählen, ich verlasse das Büro nie, ohne meine Aufgaben erledigt zu haben, ob die Sonne nun scheint oder nicht. Das ist eine Frage des Prinzips! Ich komme nach." Es handelt sich hierbei um eine selbstbestimmte Form der Motivation.

„Amotivation"

Sie betrifft Personen, die ihren Beruf resigniert ausüben und keinen Zusammenhang zwischen ihren Handlungen und den Ergebnissen sehen. Dafür können äußere Gründe (kein konstruktives Feedback) oder innere Gründe (sie glauben, ihre Ziele nie erreichen zu können) verantwortlich sein. Es handelt sich um die am wenigsten selbstbestimmte Form der Motivation. Sie ist nicht beabsichtigt, die Person führt ihre Tätigkeit weder freiwillig aus noch hat sie Freude daran.

Luc Pelletier und Robert Vallerand (vgl. Laberon: 2011, S. 205) haben festgestellt, dass selbstbestimmte Motivation (eigene Entscheidung) einen wesentlichen Einfluss auf die Leistung und positive Effekte auf die Arbeit hat. Sie führt daher eher zu Leistung und Zufriedenheit als nicht selbstbestimmte (erzwungene) Motivationsformen.

Machen Sie ein schwarzes Kreuz in der untenstehenden Tabelle, um Ihre Motivation zu Beginn Ihrer Arbeit anzugeben. Markieren Sie anschließend mit einem roten Kreuz Ihre aktuelle Motivation.

Motivationsformen

SELBSTBESTIMMTE MOTIVATION	↑	„Ich mache meine Arbeit, weil sie mich anspornt, ich dadurch etwas lerne und mich selbst verwirklichen kann."	INTRINSISCHE MOTIVATION
		„Meine Wertvorstellungen leiten meine Handlungen im Beruf, das ist eine Frage des Prinzips."	EXTRINSISCHE MOTIVATION: EINGEGLIEDERTE REGULIERUNG
		„Ich mache meine Arbeit, weil sie sich mit ... verbinden lässt und weil es wichtig für mich ist oder weil ich dadurch ein anderes Ziel erreichen kann."	EXTRINSISCHE MOTIVATION: REGULIERUNG DURCH IDENTIFIKATION
NICHT SELBSTBESTIMMTE MOTIVATION		„Ich mache Arbeit, weil ich nicht an ... schuld sein will."	EXTRINSISCHE MOTIVATION: INTROJIZIERTE REGULIERUNG
		„Ich mache meine Arbeit, um ... zu bekommen oder ... zu vermeiden."	EXTRINSISCHE MOTIVATION: EXTERNE REGULIERUNG
	↓	Ich bin resigniert, ich sehe keinen Zusammenhang zwischen meiner Tätigkeit und den Ergebnissen meiner Arbeit."	AMOTIVATION

WARUM BIN ICH DEMOTIVIERT?

Wenn man motiviert ist, dann unter anderem darum, weil man sich kompetent fühlt, im beruflichen Umfeld angemessen interagiert und weil man gerne sein Verhalten selbst bestimmt (Selbstbestimmung). Wenn Sie motivierter werden möchten, sollten Sie erkennen, welche Faktoren Einfluss auf Ihre Motivation genommen haben. Zahlreiche Studien zeigen, dass die Motivation schwindet, wenn das Bedürfnis nach Kompetenz und Selbstbestimmung nicht mehr befriedigt ist.

Wenn Sie sich inkompetent fühlen oder nicht das Gefühl haben, dass das, was Sie tun, von Ihnen ausgeht, können Ihre intrinsische Motivation (frei gewählte Tätigkeiten und

Freude daran) und bestimmte Formen der extrinsischen Motivation (Verhaltensweisen zur Erreichung oder Vermeidung einer Sache oder aus Schuldgefühlen) schwinden. Studien zufolge ist es nicht überraschend, dass Sie demotiviert sind, weniger leistungsfähig und darüber nachdenken, Ihren Job zu kündigen, wenn Sie sich bei der Arbeit überwacht fühlen, kein Feedback bekommen oder Ihre Arbeit kritisiert wird, wenn Ihre Kompetenzen infrage gestellt werden oder Sie nicht die Möglichkeit haben, die Initiative zu ergreifen.

AUSHALTEN ODER HANDELN?

Erwarten Sie nicht, dass die anderen etwas tun, wenn Sie durch die aktuelle Situation demotiviert sind. Ändern Sie im Rahmen des Möglichen selbst etwas daran! Der US-amerikanische Psychologe und Management-Berater Spencer Johnson hat in seinem Buch *Die Mäuse-Strategie für Manager* verschiedene Möglichkeiten beschrieben, um sich angesichts von Veränderungen zu positionieren.

Die Mäuse Schnüffel und Wusel sind auf der Suche nach Käse, den sie für ihr Wohlbefinden brauchen. Sie waren es gewöhnt, ihn immer am selben Ort zu finden, aber dann kommt der Tag, an dem sie aus allen Wolken fallen … kein Käse mehr! Sie wissen nicht, wer ihren Käse gestohlen hat, und beide entwickeln ihre eigene Strategie angesichts dieser neuen Situation:

- Schnüffel wartet darauf, bis sich die Dinge von selbst regeln. Er zieht es vor, seine erfolglosen Gewohnheiten beizubehalten und keinen Käse zu haben, als sich im Labyrinth dem großen Unbekannten zu stellen.
- Wusel erwägt diese Möglichkeit anfangs ebenfalls, beschließt aber schlussendlich, aufzuhören, ständig im Kreis zu laufen. Er akzeptiert, dass das Leben aus einer Reihe von Veränderungen besteht, und macht sich seiner Intuition folgend auf den Weg, auch wenn er vor Angst einen Kloß in der Magengegend spürt. Wusel hat sein Ziel vor Augen und langsam breitet sich in ihm ein Gefühl der Freiheit aus. Schlussendlich findet er einen „neuen Käse", der ihn nach und nach den anderen vergessen lässt.

Sind Sie durch Ihre aktuelle Situation demotiviert? Was haben Sie unternommen, damit sich die Situation verändert? Wie sind Sie mit den auftretenden Veränderungen Ihrer beruflichen Situation umgegangen? Haben Sie wie Schnüffel den Wunsch, dass es einfach vorübergeht? Oder haben Sie vor, Ihre Ängste und alten Gewohnheiten zu überwinden, um neue Möglichkeiten zu erforschen und zu entdecken, dass Sie auch wie Wusel an Neuem Gefallen finden können? Wie hoch ist Ihre Motivation, sich der Veränderung zu stellen?

TOP TIPPS

IM HINBLICK AUF IHRE KARRIERE

Was ist Ihr berufliches Projekt? Welche Ziele wollen Sie erreichen?

WIEDERFINDEN – ÜBERLEGUNG 4

Yves Maire du Poset schlägt in seinem Buch *Décrochez le job de vos rêves* (2013) vor, die eigene Karriere grafisch darzustellen. Die folgende Übung ist daran angelehnt.

- Geben Sie auf der x-Achse die verschiedenen Etappen Ihres beruflichen Werdegangs an.
- Erstellen Sie auf der y-Achse eine Zufriedenheitsskala: 0 – nicht zufrieden, +10 – sehr zufrieden, -10 – sehr unzufrieden.

Zufriedenheitsgraph

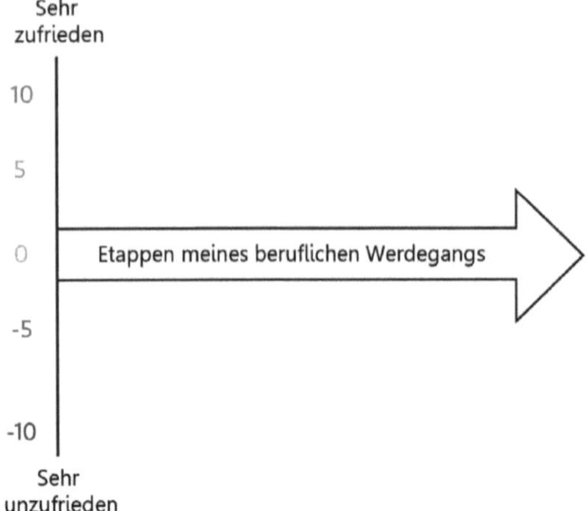

- Geben Sie Ihre Zufriedenheit für jede Schlüsseletappe an und verbinden Sie die Punkte untereinander. Heben Sie die für Sie am meisten zufriedenstellenden und am wenigsten zufriedenstellenden Punkte hervor.
- Was ist in diesen Schlüsselmomenten passiert? Welche Faktoren haben die Situation beeinflusst? Welche Erwartungen hatten Sie? Inwieweit wurden sie erreicht? In welchem Ausmaß hatten Sie die Situation unter Kontrolle? Fühlten Sie sich fähig, zu handeln? Warum?

- Nehmen Sie sich anschließend Zeit, um zwei Dinge in Ihrem Berufsleben zu beschreiben, auf die Sie stolz sind. Beschreiben Sie die Situation, Ihre Ziele, Ihre Handlungen und die erzielten Ergebnisse. Welche Herausforderungen mussten Sie bewältigen? Welche Faktoren haben zum Erfolg geführt? Was möchten Sie jetzt schaffen? Was brauchen Sie dafür?

IM HINBLICK AUF IHRE BESCHÄFTIGUNGSFÄHIGKEIT

Den Autoren Joël Müller und Emmanuel Djuatio zufolge beinhaltet die Beschäftigungsfähigkeit verschiedene Aspekte:

- die Fähigkeit, eine Arbeit zu bekommen (Ausbildung)
- die Fähigkeit, sie zu behalten (Mobilität oder Entwicklung)
- die Fähigkeit, eine neue zu finden (Berufsausrichtung)

Den Autoren zufolge haben Unternehmen ein Interesse daran, die Beschäftigungsfähigkeit ihrer Mitarbeiter zu unterstützen, indem sie Flexibilität und Mobilitätsmöglichkeiten erhöhen. Das erlaubt ihnen einerseits anpassungsfähig in Bezug auf die Entwicklung des Umfelds zu bleiben und andererseits die Zufriedenheit und das berufliche Engagement des Personals zu fördern. Wenn Sie Ihre eigene Beschäftigungsfähigkeit als gut ansehen, werden Sie auch bei der Arbeit zufrieden sein.

MOTIVATION
WIEDERFINDEN – ÜBERLEGUNG 5

Schätzt mein Arbeitgeber meine „Beschäftigungsfähigkeit"?

(Fragen angelehnt an den Forschungsfragebogen von: Müller; Djuatio: 2011, S. 46-62)

Ausbildung

- Haben Sie das Gefühl, dass Ihre Erfahrung Ihnen dabei hilft, den Arbeitsplatz zu behalten?
- Werden Sie durch Ihre Ausbildung im Allgemeinen schnell angestellt (Ausbildung, die leicht Zugang zu Mobilität innerhalb oder

außerhalb des Unternehmens verschafft)?

- Sollten Sie besondere Kompetenzen entwickeln, um Ihre Arbeit zu behalten?

Mobilität innerhalb des Unternehmens

- Haben Sie Weiterbildungen besucht, oder haben Sie die Möglichkeit, bald eine zu besuchen?
- Helfen Ihnen diese Fortbildungen, sich besser an Veränderungen im Unternehmen anzupassen?
- Helfen Ihnen diese Fortbildungen im Hinblick auf technische Entwicklungen im Unternehmen?

Berufliche Organisation

- Hat Ihnen das Unternehmen Zeit gewidmet, um über Ihren Job zu sprechen?
- Hat Ihnen das Unternehmen Zeit gewidmet, um über Ihre Kompetenzen zu sprechen?
- Schätzen Sie das? Warum?
- Haben Sie in Ihrem Job und in Ihrem Unternehmen die Möglichkeit, sich Projekten zu widmen, die Ihre Kompetenzen stärken und erweitern?
- Schätzen Sie die Teilnahme an solchen Projekten? Warum?

IM HINBLICK AUF IHR AFFEKTIVES ENGAGEMENT FÜR DAS UNTERNEHMEN

Das Engagement für das Unternehmen ist repräsentativ für das Bekenntnis zu seinen Zielen und Werten, den Willen sich für sein Unternehmen anzustrengen und den Wunsch, Mitarbeiter zu bleiben. Man unterscheidet:

- fortwährendes Engagement; das heißt, Ihre zweckmäßige Verbindung zum Unternehmen, es zu verlassen würde einen höheren Aufwand verlangen als zu bleiben
- normatives Engagement bringt die Menschen durch moralischen Zwang zum Bleiben
- affektives Engagement bezieht sich auf Ihre emotionale Bindung an das Unternehmen

Letzteres wird beeinflusst durch:

- Eigenschaften der Arbeit (Vielfältigkeit der Auf-gaben, Autonomiegrad, positives Feedback etc.)
- Interaktionsformen zwischen der Arbeitsgruppe und dem Vorgesetzten (das Engagement steigt, wenn der Vorgesetzte

seine Angestellten in die Entscheidungsfindung
miteinbezieht)
- Unternehmenskultur
- die Rolle, die man innerhalb des Unternehmens
  spielt

IM HINBLICK AUF IHR BEDÜRFNIS NACH RESPEKT UND ANERKENNUNG

Sharon C. Bolton und Maeve Houlihan geben in ihrem Buch, in dem sie sich mit dem Menschen im Personalmanagement beschäftigen, an, dass die eigene Zufrieden davon abhängt, in welchem Maß seinen Bedürfnissen nachgekommen wird. Menschen geben sich in der Regel nicht damit zufrieden, sich sicher zu fühlen, gut situiert zu sein oder Entwicklungsmöglichkeiten zu haben. Sie brauchen auch Anerkennung, respektvollen Umgang mit anderen, die Zustimmung der anderen und wollen sich integriert sowie von einem Netzwerk unterstützt fühlen.

Die Bedeutung der Normen Ihres Unternehmens hat Einfluss auf Ihr Verhalten und auf das Ihrer Kollegen. Über die Regeln und Prozesse hinaus gibt es ein Geflecht von weniger konkreten Übereinkommen, die Ihr Wohlbefinden bei der Arbeit beeinflussen. So bewertet das berufliche Umfeld, in dem man sich bewegt, unterschiedliche Tugenden oder Untugenden und unterstützt bestimmte Verhaltensweisen mehr als andere.

Forscher haben gezeigt, dass man nicht so sehr dafür arbeitet, sein Selbstwertgefühl zu steigern, sondern weil der Großteil der Menschen denkt, dass es eine gute Sache ist und es einem die Zustimmung seines Umfelds verschafft.

Wenn Sie sich kompetent fühlen, Ihren Job lieben und Ihre Kollegen nett sind, und Sie trotzdem an Demotivation leiden, sollten Sie sich Zeit nehmen, um festzustellen, welche Kriterien in Ihrem beruflichen Umfeld wichtig sind. In welchem Ausmaß entsprechen Sie diesen? In welchem Ausmaß weichen Sie davon ab? Wie sehr fühlen Sie sich geschätzt und respektiert? Was brauchen Sie, damit das der Fall ist? Welche Art von beruflichem Umfeld kann Ihre Bedürfnisse befriedigen?

IM HINBLICK AUF IHR GERECHTIGKEITSGEFÜHL

Das Gefühl von Respekt und Selbstwert steht auch in Verbindung mit dem Gerechtigkeitsgefühl. Vielleicht sind Sie demotiviert, weil einer Ihrer Kollegen befördert worden ist, aber Sie das Gefühl haben, dass er es nicht wirklich verdient hat? Das Gefühl der Ungerechtigkeit im Beruf, vor allem in Verbindung mit Gehaltsunterschieden, wirkt sich auf die Motivation aus. Mehrere Studien haben den Einfluss der Gerechtigkeit auf die Zufriedenheit bewiesen. Sie kann distributiv (in Verbindung mit der persönlichen Motivation, empfundene Gerechtigkeit in Bezug auf die Ressourcenverteilung, wie das Gehalt – sprich Zufriedenheit in Bezug auf das, was man verdient und seine Arbeit) oder prozedural (Gerechtigkeit in Verbindung mit den vom Unternehmen angewandten Methoden, der Unternehmensstruktur und dem Engagement für das Unternehmen) sein.

MOTIVATION WIEDERFINDEN – ÜBERLEGUNG 6

Wie steht es mit Ihrem Gerechtigkeitsgefühl?

(Fragen angelehnt an den Forschungsfragebogen von: Müller; Djuatio: 2011, S. 46-62)

Bezüglich der Ressourcenverteilung

- Haben Sie das Gefühl, dass Ihr Unternehmen Ihnen mehr Vorteile bietet als die Konkurrenz?

- Haben Sie das Gefühl, dass Ihr Gehalt Ihrem Job entspricht?
- Werden Sie entsprechend Ihrer Kompetenzen bezahlt?
- Werden Sie entsprechend Ihrer Verantwortung bezahlt?
- Wenn Sie Ihre Vorteile und Leistungen mit denen anderer Personen mit ähnlichen Jobs vergleichen, haben Sie den Eindruck, dass es gerecht ist?

Bezüglich der Methoden und Vorgehensweisen des Unternehmens

- Haben Sie den Eindruck, Ihre Meinung äußern zu können?
- Können Sie Ihre Meinung zu bestimmten Entscheidungen des Unternehmens sagen?
- Kommuniziert Ihr Unternehmen seine Entscheidungen?
- Kümmert sich das Unternehmen zeitnah um Ihre Bitte nach Fortbildungen?
- Haben Sie das Gefühl, dass Ihr Unternehmen Ihre Meinung in seine Entscheidungen einbezieht?

Fühlen Sie sich ungerecht behandelt? Haben Sie den Eindruck, dass das, was Sie bekommen, Ihren Erwartungen entspricht? Was können Sie unternehmen, um die Situation zu verbessern? Wie können Sie Ihr Anliegen konstruktiv formulieren und an wen können Sie sich wenden, um wieder ein Gefühl der Gerechtigkeit zu empfinden und dadurch motivierter zu sein?

QUANTIFIZIEREN SIE, WAS IHRE MOTIVATION STÖRT

Robert Sutton, Professor für Management an der Stanford Engineering School, beschreibt in seinem Buch *Der Arschloch-Faktor* (2014) einen Ansatz, mit dem man den Spieß umdrehen kann, wenn ein Kollege einem Steine in den Weg legt oder aufs Gemüt schlägt. Denn diese Menschen schädigen die Leistung der Mitarbeiter und in weiterer Folge auch die des Unternehmens.

Wenn Ihre Motivation von einem solchen Menschen beeinträchtigt wird, haben Sie bei diesem möglicherweise folgende Verhaltensweisen beobachtet: Eindringen in den persönlichen Bereich, Drohungen und Einschüchterungen, sarkastische Witze, öffentliche Demütigungen …

Dem Autor zufolge sollten alle Unternehmen eine Null-Toleranz-Strategie gegenüber solchem Verhalten verfolgen, damit kein Mitarbeiter die Energie, das Selbstwertgefühl oder die Leistung eines Kollegen beeinträchtigen kann.

Um gegen solche Menschen anzugehen, können Sie die durch den Kontakt mit ihnen verlorenen Stunden objektivieren und in Kosten ausdrücken. Wenn Sie sich die Zeit nehmen, die Stunden zu berechnen, die Sie mit Vorgesetzten, Menschen aus der Personalabteilung und firmenfremden Personen, für Rekrutierung nach Kündigungen oder für Fehlzeiten, Überstunden, dem Austausch von E-Mails, Meetings, Telefongesprächen etc. verbringen, sollten Sie auch in der Lage sein, die Kosten zu berechnen, die durch unnötige Interaktionen mit der jeweiligen Person entstehen. Wenn Ihre emotionalen Argumente nicht gehört werden, können Ihnen die Kosten und die Zeit, die Sie dafür aufwenden müssen, als objektive Grundlage für die Diskussion dienen. Und während Sie noch die finanziellen Auswirkungen dieser Personen berechnen, sollten Sie sich im Rahmen des Möglichen ebenfalls von diesen fernhalten!

BEKOMMEN SIE, WAS SIE WOLLEN, INDEM SIE IHRE MOTIVATION TEILEN

Vielleicht sind Sie demotiviert, weil Sie den Eindruck haben, dass einige Ihrer Kollegen den Mut haben, sich besser zu präsentieren, und dadurch das bekommen, was Sie eigentlich haben wollten? Luc Pelletier und Robert Vallerand zeigen, dass bei gleicher Leistung Personen mit intrinsischer Motivation (aus Freude: sich selbst übertreffen, sich weiterentwickeln, sich selbst verwirklichen) als „sozial interessanter" wahrgenommen werden, während Personen mit selbstgewählter (nicht aufgezwungener), aber extrinsischer Motivation (beispielsweise mit dem Ziel Privat- und Berufsleben zu vereinbaren) als „nützlicher", weil effizienter, wahrgenommen werden.

Die vorgestellten Motivationsformen haben also einen Einfluss darauf, wie der Vorgesetzte seinen Mitarbeiter wahrnimmt. Das kann dazu führen, dass Angestellte bzw. Bewerber versuchen, intrinsische Motivation zu zeigen, um sich gut darzustellen, was nicht immer Sympathie bei anderen auslöst. Achten Sie auf die Erwartungen, die Ihr Arbeitgeber in Sie setzt – denn abhängig davon wird er die unterschiedlichen Motivationsformen bewerten.

FAQ

SOLLTE MAN SICH NUR AUF FACHBEZOGENES KONZENTRIEREN, WENN MAN SEINE MOTIVATION WIEDERFINDEN WILL?

Nein. Die Demotivation, die Sie bei Ihrer Arbeit empfinden, ist möglicherweise ein Zeichen für ein schlimmeres Unwohlsein, das alle Aspekte Ihres Lebens betreffen kann. Sie sollten sich daher bei Ihrem Versuch, zu Motivation zurückzufinden, nicht nur auf Ihren Beruf konzentrieren, sondern weiter denken.

Wenn Sie nur in Bezug auf die Aspekte handeln, die Sie bei der Arbeit stören, können Sie mit Sicherheit eine Verbesserung feststellen. Aber es reicht nicht, sich nur mit den Störfaktoren zu beschäftigen, um mit schwierigen Situationen fertig zu werden. Diese Haltung hilft zwar, sich zu schützen, aber Sie werden dadurch nicht glücklicher. Daher sollten Sie auch alles berück-sichtigen, was in Ihrem Privatleben passiert.

Forschungen haben ergeben, dass Depressionen nach einem Ereignis oder der Ansammlung von Spannungen oft dadurch entstehen, dass im Leben zu wenige angenehme Ereignisse und Aktivitäten stattfinden. Die Wissenschaftler, unter ihnen Behavioristen (Verfechter eines psychologischen Ansatzes, der sich auf Verhaltensänderungen konzentriert), gehen von Beobachtungen aus, denen zufolge das Glück nicht einen einfachen Gegensatz zum Unglück darstellt. Sie sind sich vielmehr darüber einig, dass sich die vermehrte Ausübung von angenehmen Aktivitäten positiv auf die Stimmung auswirkt. Daher ist es neben der Ausschaltung von Leidensquellen wichtig, Verhaltensweisen zu entwickeln, die einem Freude und Vergnügen bereiten.

Wenn Sie demotiviert sind, ist es möglicherweise an der Zeit, über die Häufigkeit von kürzlich erlebten glücklichen Momenten nachzudenken. Beinhaltet Ihr Leben Aktivitäten, die Ihnen Freude bereiten, Energie geben und aus denen Sie neue Kraft schöpfen können? Wann war Ihr letzter Urlaub?

Mein Unternehmen verlangt von mir proaktiv zu sein, während es gleichzeitig die fördert, die nichts tun!

Sie geben Ihr Bestes, versuchen innovative Lösungen vorzuschlagen und sich proaktiv zu zeigen. Sie sind überzeugt davon, dass es das ist, was Ihr Arbeitgeber von Ihnen erwartet, weil es in der Stellenausschreibung steht. Währenddessen schwindet Ihre Motivation durch den Kontakt mit passiven Kollegen, die nie etwas wagen und die ständig aus Ihnen unverständlichen Gründen bevorzugt werden.

Das Loyalitätsprinzip bedeutet, dass Personen, die sich unauffällig verhalten, weder ihre Vorgesetzten noch das bestehende System infrage stellen und dadurch einen loyalen, treuen Mitarbeiter verkörpern, mehr geschätzt werden. Das liegt daran, dass dieses Verhalten das Gleichgewicht des sozialen Umfelds und der jeweiligen Autorität bewahrt.

Es sind daher nicht unbedingt Ihre Kompetenzen, die infrage gestellt werden müssen. Das beste Mittel zum Ausgleich dieses Effekts ist, Ihren Mehrwert zu zeigen – warten Sie nicht darauf, dass er bemerkt wird – und machen Sie daraus Ihr Erkennungsmerkmal.

WIE SOLLTE MAN MIT DEMOTIVIERENDEM STRESS BEI DER ARBEIT UMGEHEN?

In der Fachliteratur finden sich drei „Coping-Arten" (Van Rillaer: 1992, S. 69-75), die gegen Stress helfen:

- sich für fähig halten, Handlungen auszuführen, die möglicherweise den Gang der Ereignisse beeinflussen (Informationen sammeln, analysieren, Initiativen ergreifen)
- Veränderungen positiv aufnehmen, indem man sie als Gelegenheiten, die Teil des Lebens sind, wahrnimmt
- Arbeit als interessante und nicht als entfremdende Tätigkeit wahrzunehmen

Menschen, die diese drei Arten kombinieren, sind „mutiger und entschlossener" als andere. Mit ihrem „lösungsorientierten" Vorgehen entwickeln sie neue Verhaltensweisen, die es ihnen ermöglichen, sich auf Ereignisse einzustellen, die in ihrem Umfeld passieren.

WIE KANN MAN LÖSUNGEN FÜR SCHWIERIGE SITUATIONEN FINDEN?

Die folgenden Schritte helfen Ihnen dabei, Lösungen für problematische und demotivierende Situationen zu finden.

- Halten Sie inne, um das Problem klarer zu sehen.
- Definieren Sie es, indem Sie die Situation analysieren und beschreiben, was Sie ändern wollen.
- Suchen Sie nach Lösungen und geben Sie sich nicht gleich mit den ersten Lösungsansätzen zufrieden, die Ihnen einfallen, sondern suchen Sie nach neuen mithilfe folgender Prinzipien:
  - nicht das Offensichtliche glauben und Ihre Definition des Problems als eine Interpretation von vielen zu betrachten
  - Abstand zu nehmen und versuchen, die Beziehung zwischen den Elementen und dem Kern des Problems zu erkennen
  - das Problem in kleinere Probleme zerlegen und diese priorisieren

- sich an in der Vergangenheit bewährte Lösungen halten
- sich an Personen wenden, die bereits mit ähnlichen Situationen konfrontiert waren
- sich bei Experten informieren
- sich vorstellen, was man einer anderen Person in der gleichen Situation raten würde
- seine Ideen ruhen lassen

- Suchen Sie nach einer geeigneten Lösung, indem Sie die Machbarkeit bewerten und über kurz-, mittel- und langfristige Kosten und Nutzen nachdenken.
- Setzen Sie Ihre Entscheidungen um, indem Sie Fristen festlegen, positive Auswirkungen visualisieren, die Lösung als Erfahrung sehen und sich auf sinnvolle Ziele fixieren, wobei sie mit denen beginnen, die in Ihnen Zufriedenheit auslösen und Ihnen das Gefühl geben, effizient zu sein, sodass Sie weitermachen möchten. Tun Sie etwas, anstatt nur darüber zu reden!
- Bewerten Sie die Auswirkungen Ihrer Lösungen, um motiviert zu bleiben.

KANN TEILZEITARBEIT FÜR MEHR ZUFRIEDENHEIT UND MOTIVATION SORGEN?

Nicht unbedingt. In Frankreich durchgeführte Studien zeigen, dass Teilzeitarbeitskräfte insgesamt zufrieden sind. Aber diese Zufriedenheit wird oft durch Unzufriedenheit in Bezug auf die Teilnahme an der Entscheidungsfindung, Anerkennung für erledigte Arbeit und den Stress bei der Arbeit aufgewogen. Denn die Arbeitslast wird nicht immer im gleichen Verhältnis wie die Arbeitszeit reduziert, außerdem bringt diese Beschäftigungsform ein geringeres Gehalt mit sich, es gibt meist keine Aufstiegsmöglichkeiten etc. Menschen, die nicht vorhaben, „Karriere zu machen", sind mit dieser Regelung eher zufrieden als die, die sich beruflich weiterentwickeln möchten und diese Lösung nur als etwas Vorübergehendes zur Veränderung der beruflichen Orientierung anstreben.

WIE GEWÖHNT MAN SICH AN ORGANISATORISCHE VERÄNDERUNGEN?

Zahlreiche Unternehmen bewältigen Veränderungen und passen ihre Strukturen und Vorgehensweisen an die Suche nach Effizienz an. Diese Entwicklungen können eine Bedrohung für die Sicherheit der Arbeitsplätze sein, die Beziehungen am Arbeitsplatz und im Privatleben betreffen, beunruhigend auf das Wohlbefinden, den beruflichen Status, Selbstvertrauen und Identität wirken. Derartige Elemente machen die berufliche Situation unangenehm und lösen Ängste aus. Deborah J. Terry und Victor J. Callan haben sich mit der Frage der Anpassung beschäftigt und die Faktoren untersucht, die es ermöglichen, Gedanken und Handlungen vorherzusagen, mit denen Probleme angesichts von Stress im Kontext von Veränderungen gelöst werden sollen. Sie haben folgendes herausgefunden:

- Es ist notwendig, die Merkmale der Veränderung zu bedenken, da deren Bedeutung nicht für alle gleich ist. Man muss ihre Auswirkungen auf die Arbeit berücksichtigen, das Ausmaß, in dem man sich an der Implementierung beteiligen kann (denn Partizipation ist oft der Schlüssel für den Erfolg einer organisatorischen Veränderung), das Gefühl, eine gewisse Kontrolle über das Ereignis zu haben, wobei dieses meist durch eine klare Vision des Leaders vermittelt wird ...

- Die Interpretation der Veränderung hat ebenfalls einen bestimmten Einfluss. Menschen, die das Gefühl haben, etwas gegen die Stressfaktoren tun zu können und wissen, wie sie sich verhalten müssen, um in der entsprechenden Situation aufzufallen, neigen eher dazu, sich anzustrengen, um die Situation weiter zu kontrollieren. Im Gegensatz dazu laufen Menschen, die an Ihrer Fähigkeit zweifeln, den Erwartungen des Unternehmens hinsichtlich der Veränderungen zu entsprechen, Gefahr, sich auf Ihre empfundene Unfähigkeit zu fokussieren, weswegen Sie nur schwer mit der Situation umgehen können.
- Menschen, die Coping-Strategien (Maßnahmen gegen Stress) sowie Gedanken und Verhaltensweisen zur Lösungsfindung umsetzen, können sich leichter an Veränderungen anpassen und mit Stress im Beruf umgehen.

Im umgekehrten Fall haben „emotionsorientierte" Personen, die sich nicht auf das Problem, sondern auf ihre Verzweiflung angesichts der Veränderung konzentrieren, meist Schwierigkeiten mit der Anpassung.

- Interne Ressourcen haben ebenfalls Einfluss auf die Reaktion einer Person in einer bestimmten Situation: persönliche Eigenschaften, Selbstvertrauen, das Gefühl, die Kontrolle über ihr Schicksal zu haben, Unterstützung aus dem sozialen Umfeld und bei der Arbeit – das alles hat gegebenenfalls mehr Einfluss auf die Arbeitswelt als externe Ressourcen.

Wenn Sie demotiviert sind, weil Sie sich von einer Situation der Veränderung bedroht fühlen, sollten Sie sich lieber informieren und das Ausmaß erfassen, in dem Sie sich beteiligen können, anstatt unangenehme, aus der Situation heraus entstehende Empfindungen zu vermeiden. Wenn Sie eine „lösungsorientierte" Haltung einnehmen, wird das Ihr Gefühl der Kontrolle stärken, das Gefühl der Bedrohung verringern und damit auch Ihren Stress reduzieren.

FÜHRT BERUFLICHE NEUORIENTIERUNG ZU NEUER MOTIVATION?

Möglicherweise, aber nicht ohne Vorbereitung und ein gewisses Risiko. Haben Sie erkannt, welche Faktoren Sie bei der Arbeit demotivieren? Haben Sie versucht, die Situation objektiv zu betrachten und zu quantifizieren, aber es sind dennoch Zweifel und Unzufriedenheit geblieben? Also ist es möglicherweise wirklich an der Zeit, neue Wege zu gehen. Die Unterstützung Ihres Umfelds wird Ihnen dabei helfen. Der Moment zur Definition Ihres neuen Projekts ist gekommen. Catherine Négroni beschreibt in ihrem Werk über freiwillige berufliche Neuorientierung verschiedene Formen:

- leidenschaftliche Neuorientierung, um sein Hobby zum Beruf zu machen oder seine Leidenschaft zu entdecken
- Neuorientierung durch Weiterbildung, um zu lernen oder frühere schulische Misserfolge auszugleichen
- stabilisierende Neuorientierung, um sich berufliche Sicherheit zu schaffen, seinen Platz zu

finden und für die Zukunft vorzusorgen

- ausgleichende Neuorientierung, um mehr Gelassenheit an den Tag zu legen und ein Gleichgewicht zwischen Berufs- und Privatleben zu finden

Welche Form der Neuorientierung passt zu Ihrer Situation? Was ist Ihr Traum? Welches Ziel verfolgen Sie, wenn Sie diesen Traum wahrwerden lassen können? In welcher Situation befinden Sie sich (Auswertung von Kompetenzen, Ausbildungen, Ressourcen etc.)? Welche Zwischenschritte sind zur Erreichung des Ziels notwendig? Was brauchen Sie? Wer kann Ihnen helfen? Welche Dinge aus Ihrer beruflichen Vergangenheit können Ihnen zum Aufbau Ihrer Zukunft dienen? Für Ihre berufliche Neuorientierung sollten Sie über sich nachdenken und mit Ihrem Umfeld interagieren, denn sie wird durch seine Unterstützung erleichtert.

JETZT SIND SIE GEFRAGT!

Es ist an der Zeit, Ihre Motivation zurückzu-gewinnen, indem Sie zuerst die Dimensionen analysieren, die darauf einwirken. Beginnen Sie mit folgenden Punkten:

Analyse der Situation

Zu analysierende Elemente	Kommentar
Respekt gegenüber Ihren Werten und einer bestimmten Ethik	
Ihre Autonomie	
Die Unterstützung Ihrer Kollegen, Ihres Vorgesetzten und Ihres Unternehmens	
Sinnhaftigkeit Ihrer Arbeit	
Ihre Weiterbildungsmöglichkeiten	
Anerkennung Ihres Unternehmens, Ihrer Kunden ...	
Beschaffenheit der Beziehungen am Arbeitsplatz	
Freude an der Arbeit	
Ihre Rolle im Unternehmen	
Ihre Zugehörigkeit zur Unternehmenskultur	
Anderes	

Suchen Sie danach nach Lösungen, indem Sie Ihre Überlegungen anhand des IDEAL-Modells strukturieren.

Die IDEAL-Methode

	Methode	Ihre Antwort
I	*Identify problems* – Elemente Ihrer Demotivation identifizieren	
D	*Define and represent the problems* – Definieren Sie die Probleme, indem Sie die Ereignisse beschreiben, die Ihren Motivationsverlust ausgelöst haben, was Sie festgestellt und gedacht haben … Versuchen Sie, die Tatsachen objektiv zu beschreiben. Bewerten Sie Ihre Emotionen (Angst, Wut, Traurigkeit …). Drücken Sie Ihre Bedürfnisse angesichts dieser Ereignisse aus.	
E	*Explore possible strategies* – Entdecken Sie Alternativen, Möglichkeiten zum Austausch, zum Delegieren und Unterbinden von Aktivitäten. Kann Ihnen die Bereitstellung von Methoden, Hilfsmitteln und Fortbildungen helfen? Welche Art von Hilfe benötigen Sie? Welche Ideen oder Vorschläge haben Sie dazu?	
A	*Act on strategies* – Was können Sie konkret tun? Wie? Womit? Mit wem? In welcher Zeitspanne? Welche Vorteile/Kosten bringt es mit sich? Erarbeiten Sie einen Handlungsplan und sprechen Sie mit Ihrem Vorgesetzten darüber (oder im Falle von Konflikten mit jemandem aus der Personalabteilung oder einer Vertrauensperson aus der Arbeitnehmervertretung).	
L	*Look back and evaluate the effects of your activities* – Vereinbaren Sie eine Frist für die Umsetzung Ihres Handlungsplans und bewerten Sie seine Auswirkungen, um danach eventuell notwendige Anpassungen vorzunehmen.	

| *Quelle: Bransford; Stein: 1984, S. 12, Abbildung 2.1.*

Ihre Meinung ist uns wichtig!
Hinterlassen Sie doch einen Kommentar auf der
Seite unserer Online-Buchhandlung
und teilen Sie Ihre Favoriten in den sozialen
Netzwerken!

DARÜBER HINAUS

LITERATURVERZEICHNIS

- Bolton, Sharon C.; Houlihan, Maeve: *Searching for the human in Human Resource Management. Theory, Practice and Workplace Contexts.* Palgrave Macmillan: New York 2007.

- Bransford, John D.; Stein, Barry S.: *The Ideal Problem Solver. Guide For Improving Thinking, Learning and Creativity.* W. H. Freeman and Company: Wallingford (GB) 1984. S. 12, Abbildung 2.1.

- Cobut, Éric; Bomal, Géraldine: *Motiver, être motivé et réussir ensemble.* Reihe „Ressources Humaines". Edipro: Liège 2009.

- Gangloff, Bernhard: „La norme d'allégeance". In: Laberon, Sonia (Hrsg.): *Psychologie et recrutement. Modèles, pratiques et normativités.* De Boeck: Brüssel 2011. S. 177-197.

- Johnson, Spencer: *Die Mäuse-Strategie für Manager. Veränderungen erfolgreich begegnen.* Ariston: Genf 2000.

- Le Saget, Meryem: *Le management intuitif. Une nouvelle force.* Dunod: Paris 1992.

- Maire du Poset, Yves: *Décrochez le job de vos rêves. Un guide incontournable pour obtenir le poste que vous voulez.* Leduc.s: Paris 2013. S. 20-29.

- Meyer, John P.: „Organizational Commitment". In: Cooper, Cary L.; Roberton, Ivan T. (Hrsg.) *International Review of Industrial and Organizational Psychology.* Vol. 12. John Wiley & Sons: Chichester (GB): 1997. S. 175-228.

- Morin, Estelle M.: „Sens du travail, définition, mesure et validation". In: Delobbe, Nathalie; Karnas, Guy; Vandenberghe, Christian (Hrsg.): *Développement des compétences, investissement professionnel et bien-être des personnes* (Vol. 2). *Dimensions individuelles et sociales de l'investissement professionnel.* Presses universitaires de Louvain: Louvain-La-Neuve 2003. S. 11-20.

- Müller, Joël; Djuatio, Emmanuel: „Les relations entre la justice organisationnelle, l'employabilité, la satisfaction et l'engagement organisationnel des salariés". In: *Revue de gestion des ressources humaines*, 82 (4, 2011). S. 46-62.

- Négroni, Catherine: *Reconversion professionnelle volontaire. Changer d'emploi, changer de vie. Un regard sociologique sur les bifurcations.* Armand Colin: Paris 2007.

- Rosa, Catherine „Développement de carrière et intersignifications des milieux de vie des salariés à temps partiel". In: Delobbe, Nathalie; Karnas, Guy; Vandenberghe, Christian (Hrsg.): *Développement des compétences, investissement professionnel et bien-être des personnes* (Vol. 2). *Dimensions individuelles et sociales de l'investissement professionnel.* Presses universitaires de Louvain: Louvain-La-Neuve 2003. S. 49-58.

- Sutton, Robert: *Der Arschloch-Faktor. Vom geschickten Umgang mit Aufschneidern, Intriganten und Despoten im Unternehmen.* Wilhelm Heyne Verlag: München 2014.

- Terry, Deborah J.; Callan, Victor J.: „Employee adjustment to an organizational change. A stress and coping perspective". In: Dewe, Philip; Leiter, Michael; Cox, Tom (Hrsg.): *Coping, health and organizations. Issues in occupational health.* Taylor & Francis: London/New York 2000. S. 259-275.

- Van Rillaer, Jacques: *La gestion de soi.* Mardaga: Liège 1992.

WEITERFÜHRENDE LITERATUR

- *Arbeitsleben:* „Was dich wirklich weiterbringt: Intrinsische und extrinsische Motivation". *Blog. Karriere.at.* (21.06.2018). https://www.karriere.at/blog/intrinsische-extrinsische-motivation.html (16.06.2018).

- Mai, Jochen: „Selbstmotivation lernen: Was uns wirklich anspornt". *Job & Psychologie. Selbstmotivation. Karrierebibel.de.* (30.08.2016).

https://karrierebibel.de/selbstmotivation/
(16.06.2019).

- Senftleben, Ralf: „10 Tipps, sich selbst zu motivieren oder die Kunst der Selbstmotivation". *Ziele, Motivation & Umsetzungspower. Zeitzuleben.de.* https://www.zeitzuleben.de/10-tipps-sich-selbst-zu-motivieren-2/ (16.06.2019).

MEHR AUF 50MINUTEN.DE

- Carlicchi, Caroline: *Die optimale Arbeitsumgebung. Tipps für mehr Wohlbefinden und Produktivität.* Aus dem Französischen von Mareike Lobeck. Plurilingua Publishing: Brüssel 2019.

- Desprez, Karine: *Produktiver arbeiten. Tipps und Tricks zur Steigerung Ihrer Produktivität.* Aus dem Französischen von Julia Buchrieser. Plurilingua Publishing: Brüssel 2019.

Die präsentierten Inhalte werden vom Herausgeber überprüft, dennoch übernimmt dieser keine Haftung für die inhaltliche Richtigkeit, Vollständigkeit und Aktualität der vorgestellten Inhalte.

www.50Minuten.de

ISBN digitale Ausgabe: 9782808020343

ISBN gedruckte Ausgabe: 9782808020350

Pflichtexemplar: D/2019/12603/182

Cover: © Plurilingua

Digitale Aufbereitung: Primento, der digitale Partner der Herausgeber